おはなし ぽけっと シアター

木村研 著

いかだ社

はじめに

子どもは、お話が大好きです。お話を聞いている子どもたちの目は、いつもキラキラ輝いています。

幼稚園や保育園の先生から、よく「もっと短いお話は無いでしょうか？」と、聞かれます。それは、ちょっとした時間にも本（絵本）を読んであげたいが、どれも長すぎるんです、ということです。

たしかに絵本を1冊読んだらかなりの時間がかかります。ですから、バスを待っている時間や、お昼寝前にかんたんに読める本が欲しい、と。

そこでチャンスがあるたび、保育雑誌などに1ページから3ページの短いお話を書いてきました。その意図を汲んでいただき、今回、1冊にまとめる（多くは新しく書いたものです）ことができました。

本書は小さな本ですが、いつでも、すぐにつかえるように、エプロンのぽけっとにはいる大きさです。

また、1ページか2ページのお話ばかりですから、開いたところからすぐに読めます。そして、本書は、シリーズの最初として「幼稚園・保育園ってだーいすき」といいたくなるような話ばかりがのっています。園の生活を中心に書いてあります。入園前のお子さんにも、幼稚園や保育園の楽しさが十分伝わると思いますので、家庭でも読んでいただけたら幸いです。

二〇〇六年二月　木村　研

もくじ

はじめに……2
もくじ……3

園の生活

幼稚園にいくんだよ……4
せいくらべ……6
幼稚園バスは満員です……7
こうちゃんのきんぎょ……8
年長だもんね……9
空をとんだこいのぼり……10
なかまはずれ……11
お・は・よ……12
てるてるぼうず……14
みんなでえんそく……15
ミイラになったのだあれ？……16
夜の幼稚園……17
おかもと先生は魔女？……18
新しい歯……20
ちいちゃんの一等賞……21
ひろしくんのチョウチョ……22
ひみつの給食……24
お星さまたべちゃった……25

あそび・友だち

あわてんぼのつくし……26
小さなおきゃくさま……27
大きなお魚……28
お魚つり……29
こゾウのジョウロ……30
アリのぼうやとヒマワリ……31
ぶらんこ……32
お店屋さんごっこ……33
なぎちゃんの雲……34
よこづな……36
こま回し名人……37
たあくんとかたつむり……38
いーれて……40

家族のおはなし

キューピーのひみつ……41
にいちゃんパパ……42
お休み……43
たっくんの長ぐつ……44
あおいくんのおじいちゃん……45
肩たたき……46
さやかちゃんとおふろ……47

☆お話の一部は、『子どもに語りたいおはなしメルヘン80』「別冊幼児と保育」二〇〇〇年三月号（小学館より転載）

幼稚園にいくんだよ

ももちゃんは、もうすぐ幼稚園です。

おじいちゃんとおばあちゃんがお祝いに、幼稚園バッグをかってくれました。

ももちゃんはうれしくて、幼稚園バッグを首にかけてみました。いい感じです。

もう、幼稚園にいくみたいです。

ももちゃんが、

「わたしね、幼稚園にいくんだよ」

と、ネコのミーにおしえてあげたのに、ミーったらめんどくさそうに「みぃ」といっただけで、また寝てしまいました。

だから、ももちゃんは、

「お寝坊なミーなんだから。いいわ。わたし、ホントに幼稚園にいくんだから」

と、いって外にでていきました。

「あら、おでかけ?」

おとなりのおばちゃんがききました。

ももちゃんは、

「幼稚園にいくの」

と、いってどんどんあるいていきました。

商店街を歩いていると、魚屋のおじさんも、

「どこにいくんだい?」

と、ききました。

「幼稚園にいくの」

「へー、もう幼稚園にいくんだ。いいねえ」

と、おじさんが感心したので、ももちゃんは、得意になって歩いていきました。

スーパーのかどを曲がって住宅地の道にはいると、向こうから男の子が歩いてきました。

男の子も幼稚園バッグをかけています。

だから、ももちゃんは、大きな声でいいました。

「わたし、幼稚園にいくんだから」

すると男の子も、

「ぼくも、幼稚園にいくんだよ」

と、いいました。

ももちゃんと男の子は、二人でどんどん歩いていきました。


入園式の日、ももちゃんが、おとうさんとおかあさんといっしょに幼稚園にいくと、このあいだの男の子が、「やあ」と、いいました。

だから、ももちゃんも、大きな声で、「やあ」といいました。

「へー。もう友だちできたのか」

おとうさんとおかあさんが、ビックリしたように顔を見合わせました。

せいくらべ

ななちゃんが、幼稚園バスを待っているとき、足元の草むらで、かわいいつくしのぼうやたちが、せいくらべをしていました。

「ぼくが、いちばん高いぞ」

「ちがうよ。ぼくだよ」

と、とうとうけんかをはじめてしまいました。

　ななちゃんは、くすっとわらって、

「わたしのほうが、ずーっと高いんだから」

と、せすじをピーンとのばして、たってみせました。

　するとつくしのぼうやたちは、ななちゃんを見上げて、

「ほんとだ」

「青い空までとどいてる」

と、目を丸くしました。

今日は、身体測定の日です。

ななちゃんのせ、のびてるかな？

ほらほら、バスがきましたよ。

幼稚園バスは満員です

　こリスちゃんは、とってもはずかしがりや。

（幼稚園に、一人でいくの、いやだなあ……）

と、思っていたら、キツネくんとタヌキくんのうそっこの幼稚園バスが走ってきて、

「おのりのかたは、お早くねがいまーす」

と、いったので、こリスちゃんは、あわててのりました。

　バスは、すぐに走りだしました。

「プップー」とバスが走っていくと、

「のせて、のせて」

と、ウサギちゃんが走ってきました。

　ウサギちゃんがのると、

「ぼくものせてよー」

と、イノシシくんものってきました。バスは、ぎゅうぎゅうの満員になりました。

　それなのに、からだの大きなクマ先生まで、

「おーい。ぼくものせてくれー」

と、走ってきました。

　だから、キツネくんが、

「だめだめ。もうのれないよ」

といったのに、クマ先生は、こリスちゃんとウサギちゃんを、ひょい、ひょいと肩にのせて、むりやりバスにのってきました。

　幼稚園バスが二階建てバスになりました。

　ウサギちゃんとこリスちゃんは、

「わー。二階建てバスって、高いね」

「ほんと、遠くまでよくみえるね」

と、目を丸くしています。

　ほらほら、遠くに幼稚園の赤いとんがり屋根がみえてきましたよ。

こうちゃんのきんぎょ

こうちゃんは、一人でトイレにいけます。

おひるねのとき、こうちゃんが、パンツをはかないで走ってきて、「きて、きて」と、いいました。

みんながついていくと、こうちゃんは、トイレのうんちを指さして、

「ほら、きんぎょだよ」

と、いいました。

「ほんとだ。きんぎょのかたちしてる」

「かわいいね」

みんなでそうだんして、こうちゃんのうんちのきんぎょをかうことにしました。

先生は、

「こまったなあ」

と、思ったけど、今日は、トイレを使わないことにしました。

きんぎょ、大きくなるかなあ……？

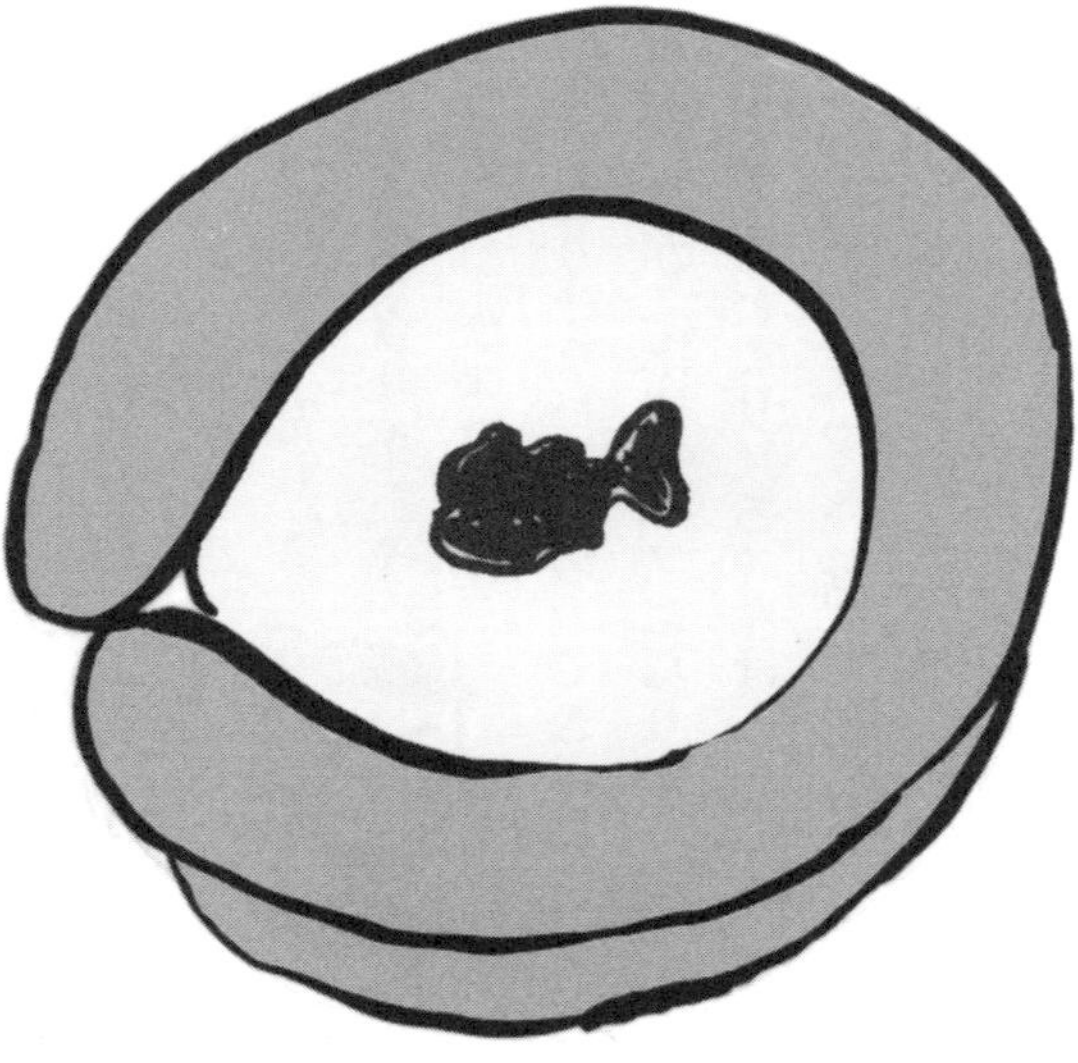

年長だもんね

　泣き虫のゆみちゃんが、おにごっこをしている
ときにころんだのに、泣きませんでした。

「だいじょうぶ？」

って、みどり先生がきいたら、ゆみちゃんは、目
にいっぱい涙をためて、

「だいじょうぶ。ゾウ組はなかないんだよ」

と、いいました。

　けんちゃんは、水あそびをしたとき、庭の花
に水をあげてから教室に入ってきました。

「ありがとう。お花さん、よろこんでるよ」

って、みどり先生がいったら、

「だって、ゾウ組だもん」

と、得意そうにいいました。

　小さなリス組さんたちが、

「ゾウ組さんってすごいねー」

って、目をまるくしました。

　そのとき、ゾウ組のユウちゃんが、おもらしを
してしまいました。

「あらあら。年長さんなのにこまったわねえ」

って、みどり先生がいったら、リス組さんたちが、

「すごーい」

と、声をそろえていいました。

「どうして？」

　みどり先生がきくと、リス組さんたちは、

「だって、おしっこ、いーっぱいしてるんだもん」

「ほーんと。すごいねえ。海みたい」

と、感心しています。

　そうしたら、ユウちゃんは、

「だって、ぼく、ゾウ組だぞ」

と、胸をはって、さっさと、着がえにいってしま
いました。

空をとんだこいのぼり

ふうちゃんは、こいのぼりを作りました。

でも、こいのぼりは元気がありません。

ふうちゃんは、こいのぼりを窓の外にだして、

「元気におよいでごらん」

と、いうと強い風がさっと吹いて、ふうちゃんのこいのぼりは空高くとんでいってしまいました。

だから、帰るとき、ふうちゃんだけは、こいのぼりを持って帰れませんでした。


ふうちゃんが、おかあさんとうちに帰ってくると、ふうちゃんのこいのぼりが、空から、

「ただいま」

と、おりてきました。

「あっ。およいで帰ってきたんだね」

ふうちゃんが、うれしそうにいいました。

なかまはずれ

朝、ともちゃんが教室に入っていくと、かなちゃんがお絵かきをしていました。

「いーれて」といったら、

「だめ。ともちゃんはだめよ」

と、背中にかくしてしまいました。

「いじわるね」

ともちゃんは、ぷんぷんおこって、園庭にでていきました。

園庭の砂場では、そうちゃんが、どろんこあそびをしています。

「おもしろそう。いーれて」といったら、

「ともちゃんはだめだめ。あっちにいって」

と、とおせんぼをしました。

ともちゃんは、悲しくなりました。一人でぶらんこにのっていると、涙がでてきました。

そのとき、かなちゃんとそうちゃんが、

「もういいよ」

と、走ってきました。

ともちゃんがびっくりしていると、かなちゃんが、背中からカードを出して、

「おたんじょう日、おめでとう」

と、いいました。

カードは、おたんじょうカードでした。

そうちゃんも、どろんこで作ったケーキをだして、

「おたんじょう日、おめでとう」

と、いいました。

それから、みんながあつまって、ともちゃんのおたんじょう会がはじまりました。

「ありがとう」

ともちゃんのうれしいうれしいたんじょう日になりました。

お・は・よ

しずかちゃんは、幼稚園にかようようになって、二週間近くもたつのに、おかあさんがいないと、なんにもおしゃべりできません。

朝、先生が門でまっていて、

「しずかちゃん、おはよう」

と、声をかけてくれても、だまって下をむいているだけです。

ほんとは、みんなのように、

「せんせい、おはよう」

って、元気にいいたいのに……。

ある朝のことです。

しずかちゃんは、顔をあらったとき、洗面所のかがみにむかって、

「おはよう」

と、いってみました。

いいかんじです。今日は、先生にもいえそうな気がします。

しずかちゃんは、朝のしたくが早くできたので、おかあさんをまたずに庭にでました。

門のそばの小さな花だんに、かわいい花がさいていました。スミレです。

スミレは、なんだか、しずかちゃんに、

「おはよう」

と、いいたそうです。

しずかちゃんは、スミレの花に近づくと、

「おはよう」

と、いってみました。

やっぱりいいかんじです。

そのとき、白いチョウチョがとんできて、しずかちゃんの花もようのスカートにとまりました。

しずかちゃんは、びっくりしました。

でも、すぐにうれしくなって、

「お・は・よ」

と、いいました。すると、チョウチョも、

「お・は・よ」

と、こたえるように、羽をうごかしました。

やっぱりいいかんじです。

うふっ、とわらうと、おかあさんがでてきて、

「どうしたの？　一人でなにしてるの？」

と、ききました。

「なあんにもよ」

しずかちゃんは、スキップをしながら、表通りにでていきました。

幼稚園まで、スキップしていくと、門の前に先生がいました。

先生が、しずかちゃんをみつけました。

しずかちゃんは、おもわず、

「せんせい。お・は・よ」

と、いいました。

やっぱりいいかんじでいえました。

「まあ、しずかちゃん。おはよう」

先生も、うれしそうにいいました。

しずかちゃんは、目を丸くしました。

だって、先生が、長い髪を、チョウチョみたいな白いリボンでむすんでいたんですもの……。

てるてるぼうず

ようちゃんが、てるてるぼうずを作って、窓の外につるして、

「あーした天気になーれ」

っていったら、カエルのおかあさんが、

「こまるわ」

と、いいました。

カエルのおかあさんは、

「もう何日も雨が降らないから、赤ちゃんが、オタマジャクシにならないからこまるわ」

と、いいました。

池を見ると、すみのほうに、ほんの少し水があるだけで、その中に、たくさんの卵がありました。

しかたがないので、ようちゃんは、てるてるぼうずを逆さにつるして、あめふりぼうずにしました。

すると、空がピカッと光って、ざあざあ雨が降り出しました。

だから、もう、外であそべません。

でも、それからすぐに、オタマジャクシが、ぞろぞろ生まれました。

カエルのおかあさんは大よろこびで、

「ケロケロケロロロ、ケロケロロ」

と、歌っています。

ようちゃんは、

「あしたは、ぼくのてるてるぼうずになってね」

と、てるてるぼうずにお願いをしました。

みんなでえんそく

きのうまでふっていた雨がやんで、うそみたいな、いい天気になりました。

「よかったー。えんそくにいけるぞ」

ツトムくんは、大よろこび。のき下につるした、てるてるぼうずに、

「サンキュー」

といって、ウインクをしました。

ツトムくんは、大いそぎで朝ごはんをたべると、リュックサックをしょって、幼稚園まで走っていきました。

「あら、ずいぶん早いのね」

園長先生が、びっくりしたようにいいました。

園庭には、もうバスがとまっています。

「このバスでいくんだな」

そばにいってみると、ドアがあいていました。

運転手さんも、バスガイドさんもいません。

ツトムくんは、そっと、バスにのってみました。

すると、

「おはよー」

と、大きな声がしました。

ツトムくんは、びっくりしました。だって、たくさんのてるてるぼうずが、ぶらさがっていたからです。

その中には、ツトムくんのてるてるぼうずもいました。

ツトムくんのてるてるぼうずは、

「へへ。ぼくたちも、えんそくにいきたかったんだ。だから、みんなできちゃった」

といって、片目をつぶりました。

それからみんなもきて、みんなの作ったてるてるぼうずといっしょに、楽しい楽しいえんそくにいきました。

ミイラになったのだあれ？

もも先生は、看護婦さんです。

みんながけがをしても、すぐになおしてくれます。

でも、このごろじゃ、みーんな、

「ほうたいまいてー」

っていうんです。

だって、運動会の練習のとき、つばさくんとこうきくんがぶつかって、大きなたんこぶを作って大泣きしたのに、ほうたいをまいてもらったら、すぐになきやんで、

「もうなおったよ」

といったから、みんな、

「すごーい」

っていいだしたんです。

でもね、目にごみがはいったときも、歯がいたいときも、

「ほうたいまいてー」

っていうから、もも先生は、こまっているんです。

おばけ大会のとき、もも先生は、ほうたいをぐるぐるまいて、ミイラになったんです。

子どもたちが暗い部屋にはいってくると、箱の中から、

「ミイラだぞー」

って、おどかすんです。

でも、みんな、すぐに、

「ももせんせいだあ」

って、集まってくるんです。

だって、においでわかっちゃうんですって。

おかげで、ミイラ作戦は、大失敗でした。

夜の幼稚園

おひさま園は、子どもたちが帰って、先生も帰って、だあれもいなくなると、

「おはよう」

「おはよう」

と、おばけの子どもたちがやってきて、夜の幼稚園がはじまります。

　おばけの子どもたちは、変身ごっこをしたり、おにごっこをしてあそびます。

　変身ごっこは、いろんなものに化けてあそびます。おにごっこは、かべの中を「するり、するり」ととおりぬけてにげます。だから、なかなかつかまりません。

　おばけの子どもたちも、あそぶことが大すきです。

　なかには、わすれんぼさんもいます。

　みんなが、朝、幼稚園に来たときに、机の上に見たことのないぼうしやかばんがおいてあったことない？　それって、おばけの子どもたちのわすれものだったのよ。

　すると、しんごくんが、

「ぼく、今日、手紙書いて、机においておくんだ」

っていったの。返事がくるといいね。

おかもと先生は魔女？

「さあ、口をあけてごらん」

　おかもと先生がいいました。

「いや」

　あやちゃんは、口をむすんで、いやいや、と首をふりました。

　歯が、ぐらぐらして、給食がたべられないから、おかもと先生が、

「ぬいてあげる」

といったのに、あやちゃんは、

「こわいもん」

と、ぜったい口をあけません。

　おかもと先生がこまっていると、

トン、トン、

と、だれかが、ドアをたたきました。

「だあれ？」

　おかもと先生がドアをあけると、小さなウサギが立っていました。

「どうしたの？」

「あのね。おかあさんが、おかもと先生に、歯をぬいてもらいなさいって……」

「おかあさんが……？」

「うん。おかもと先生は魔女だから、ちっともいたくないからって」

　ウサギが、ぐらぐらする、歯をみせていいました。

「そういえば、ずっと昔、ウサギの歯をぬいたことがあったわ。それって、あなたのおかあさんかしら？」

　おかもと先生がきくと、ウサギは、

「うん」

と、小さくうなずきました。

　おかもと先生は、ウサギをひざにのせて、何や

ら呪文をとなえました。

　そして、「えい」と、歯をぬいてしまいました。

「はい、もう終わりよ」

「ほんとだ、ちっともいたくなかったよ」

というと、あやちゃんが、

「ほんとに、いたくなかった？」

と、ききました。

「ほーんと」

　そういうと、ウサギは、うれしそうにかえっていきました。

「さあ、あやちゃんは、どうするの？」

　おかもと先生がききました。

　あやちゃんは、だまって、おかもと先生のひざにのって、大きな口をあけました。

「まあ。もう、新しい歯がはえてるじゃない」

　そういうと、おかもと先生は、呪文をとなえて、やっぱり、「えい」と、すぐにぬいてしまいました。

「どお。いたかった？」

「ううん。ちっとも」

　あやちゃんは、スキップしながら、保育室にもどっていきました。

　そして、みんなに教えてあげました。

　おかもと先生が、魔女だってことを……。

新しい歯

さーちゃんの歯がぬけました。

かずくんが、

「おばあちゃんみたい」

っていったから、さーちゃんは、

「みないで」

って、口にチャックをかけました。

　歯科検診の日です。歯医者の大山先生が、

「さーちゃん。お口をあけて」

といっても、さーちゃんは、口をあけません。

　園長先生が、

「お口に虫がいたらこまるでしょう」

といったら、やっと口をあけました。

　大山先生が口の中をのぞいて、

「あっ。新しい歯が生えてるぞ。さーちゃん。おねえちゃんになったんだね」

といったから、さーちゃんは、うれしくなって、

「みてみて」と、大きな口をあけました。

ちいちゃんの一等賞

運動会です。ライオン組は、親子競争です。

スタートの合図で、だいちゃんたちは、おかあさんのところまで走って、あとは、おかあさんと手をつないでゴールまで走ります。

だいちゃんは、早い早い。一番におかあさんのところにいきました。それなのに、おかあさんは、妹のちいちゃんをだっこしています。

だいちゃんとおかあさんが手をつないで走っていると、「ちいちゃんも走る」といって、ちいちゃんもいっしょに走り出しました。

よちよち、よちよち、ちいちゃんが走ります。

だいちゃんたちは、つぎつぎ、みんなに追いこされて、びりっけつになってしまいました。

それでも、よちよち走っていると、みんながいっぱい応援してくれました。

だからちいちゃんは、

「ちいちゃんが、いっとーしょー」

といって、ゴールに飛びこみました。

ひろしくんのチョウチョ

ひろしくんは、チョウチョが大すきです。

葉っぱをあつめて、セロハンテープで白い紙にはって、いろんな形のチョウチョをたくさん作りました。

「まあ、すてき。じょうずにできたわね」

たえこ先生が、ひろしくんのチョウチョの絵を壁にはってくれました。

お昼寝の時間です。

たえこ先生が、カーテンを閉めて部屋を暗くしました。

みんなは、ふとんにはいって目をとじました。

でも、なかなかねむれません。

たえこ先生は、みんながねむったのをたしかめると、そっと部屋を出ていきました。

そのときです。

外から気持ちのいい風が吹いてきました。

壁にはった、ひろしくんのチョウチョが、ふわっと大きくゆれたはずみに、

「わあー。いい気持ち」

「ほんと、気持ちいいわね」

と、おしゃべりをはじめました。

するといっぴきのチョウチョが、

「ねえねえ。あそびにいこうよ」

と、ふわっと、紙からとびだして、部屋の中をふわふわ飛びはじめました。

すると、あとからあとから、チョウチョがとびだしてきて、カーテンのすきまから、窓の外に飛んでいってしまいました。

しばらくすると、園長先生が、部屋をのぞきにきました。

「まあ」

　園長先生は、目を丸くしました。かべにはった白い紙が、ぱたぱた、ぱたぱた、大きな音をたてていたからです。

「みんなが、目をさましちゃうわね」

と、園長先生が、紙をはがそうと手をのばすと、

「はがしちゃだめ」

と、ひろしくんがおきてきました。

「だって、音がうるさいでしょう」

と、園長先生がいったのに、ひろしくんは、

「だめ。おうちがなくなったら、チョウチョ、帰れないでしょう」

と、いいました。

「おうち？」

　園長先生には、よくわからなかったけど、

「わかったわ」

と、部屋をでていきました。

　すると、カーテンのすきまから、ひろしくんのチョウチョが、順番にもどってきました。

　たえこ先生が部屋にもどってきたときには、もとどおり、ひろしくんのチョウチョは、紙の中でゆれていましたよ。

ひみつの給食

たいちゃんのおなかが、くーっとなりました。

すると、みんなのおなかも、

「おなかすいたよー」

って、なきだしました。

だから、たいちゃんは、調理室にいって、

「今日の給食、なあに?」

って、ききました。

それなのに、給食の先生は、「ひ・み・つ」って、
笑って、教えてくれません。

そこで、こんどは、みんなでききました。

こんどは調理室のまどがあいて、

「ひみつだけど、とくべつにクイズにします。においでわかった人には、大サービスでーす」

と、給食の先生がいいました。

「ほんと」

みんなは、はなをくんくんさせて、それから、声をそろえていいました。

「カレーライス」

「大あたり!」

だから、今日の給食は、みーんな大もりのカレーライスです。

でも、太っちょの園長先生だけは、ちょっとしかたべませんでした。

お星さまたべちゃった

保育園のたなばたまつりの日です。

おむかえにきた、おかあさんに、なほちゃんがいいました。

「あのね。なほちゃんね、お星さまたべたんだよ」

「お星さまって、お空にあるお星さま？」

「うん。お星さまのかたちした、お星さま」

おかあさんが、目を白黒させていると、かわむら先生が、おかあさんのそばにきて、

「今日の給食のとき、たべたんです」

といって、オクラをだして、

「これを、今夜、おうちでもたべてください」

と、いいました。

オクラをわぎりにすると、お星さまの形になるんです。

みんなも、お星さまをいっぱいたべてみようね。

あわてんぼのつくし

　お散歩に行って、土手まで競争しました。

「ぼく、一ばーん」

って、たっちゃんが、土手にゴローンと横になりました。続いて、てっちゃんが、

「ぼく、二ばーん」

と、倒れこみました。

　なおちゃんとみさちゃんも倒れて、

「ふー。あつい、あつい」

といったら、

「えっ。春がきたの」

と、つくしのぼうやが顔をだしました。

　そのとき、ピューっと冷たい風が吹いてきました。

「寒い。あれっ。春じゃなかったの?」

と、つくしのぼうやが、はずかしそうにいいました。

「あわてんぼのつくしだね」

　みんなは、手で壁を作って、はあはあと、暖かい息をかけてあげました。

　春がそこまできています。

小さなおきゃくさま

　しんくんが、バスのうんてんしゅになりました。

バスは、三輪車です。

チリチリチリーンと、ベルをならして、

「はっしゃしまーす。おのりのかたは、いませんかー」

というと、ひろみちゃんが走ってきました。

　しんくんは、ひろみちゃんを、三輪車のうしろにのせて、園庭を一周しました。

「わーいいな。ぼくものせてー」

「わたしものりたーい」

と、おきゃくさんが、たくさんあつまってきました。

　しんくんは、なんども、なんどもバスをはしらせました。

　最後のおきゃくさんをはこんだときには、汗びっしょりになっていました。

　そのとき、

「ぼくものせて」

と、バッタがとんできて、しんくんの肩にとまりました。

　しんくんは、こまったけど、

「いいよ」

と、また、バスをスタートさせました。

　小さなおきゃくさんをのせて……。

大きなお魚

りょうくんが、おひさま園から帰ってくると、
お昼寝をしていたこネコのミーが、

「大きな魚だ」

と、目を丸くしました。

「これ、ぼくが作ったこいのぼりだぞ」

りょうくんが、得意そうにいいました。

だから、ミーが、

「ぼくに、ちょうだい」

といっても、りょうくんは「いやだよ」といって、
部屋に入ってしまいました。

しかたがないのでミーは、お母さんに、

「おなかすいたよー」

と、甘えにいきました。

「くいしんぼうね」

と、おかあさんが小魚を少しくれました。

だから、ミーは思いました。

「保育園っていいな。ぼくも、保育園にいって、
大きな魚を作って食べるぞ」と。
ねえ、こいのぼりって、食べられたっけ？

お魚つり

かいちゃんが、新聞紙を丸めて作ったつりざおをかついで、雨上がりの園庭にでていきました。

「あら、どこにいくの？」

って、ゆめこ先生が聞いたら、かいちゃんは、

「魚つり」

といって、園庭の水たまりに糸をたらしました。

「水たまりに、おさかないるかなあ？」

って、ゆめこ先生がきくと、

「くじらでしょう。さんまでしょう。たいやひらめや、うなぎもいるよ」

と、かいちゃんがいいました。

　ゆめこ先生が、水たまりをのぞいてみると、白いさかながいっぱいおよいでいました。

「ほんとだ。すてきねえ」

　ゆめこ先生は、空を見上げて、それからみんなをよびました。

こゾウのジョウロ

　こゾウのジョウロは、水あそびが大すきです。

「今日もいっぱい水あそびしたいなあ」

っていったら、はるちゃんが走ってきて、テラスにころがっていた、こゾウのジョウロをつれて水のみ場にいって、じゃぐちをひねって、ジョウロのおなかに水をいっぱいいれました。

「ありがとう」

　ジョウロは大よろこび。

　シャーっと、いきおいよく、鼻からシャワーをふきだしました。

「まって、シャワーするんなら、お花さんにかけてあげて」

　はるちゃんは、ジョウロを花だんにつれていって、なんどもなんども、ジョウロのシャワーであそびました。

　花も大よろこびでした。

アリのぼうやとヒマワリ

アリのぼうやが、ひろいひろい野原で、まいごになりました。

おかあさんとはぐれたのです。

「おかあさーん、おかあさーん」

と、なきべそをかいていると、

「そんなところで、ないていないで、こっちへきてごらん。気持ちいいぞ」

と、高い空から、ヒマワリがいいました。

「うん」

アリのぼうやは、なみだをこらえて、ヒマワリをのぼっていきました。

どんどん高くなっていきます。

風がふくと、ヒマワリは、大きくゆれます。それでも、アリは、どんどん、どんどんのぼっていって、やっと花びらの上までたどりつきました。

「わあー。高いなー。ひろいなあー」

ひろい野原が小さくみえます。

その小さな野原の中を、小さなアリのおかあさんが、キョロキョロしながら歩いています。

きっと、ぼうやをさがしているのでしょう。

「おかあさーん」

アリのぼうやは、ありったけの声をはりあげてから、ヒマワリをおりていきました。

「やれやれ」

ヒマワリは、ふふっとわらうと、なにごともなかったように、頭の上の太陽をみあげました。

ぶらんこ

にこにこ園のチャイムがなって、

「じゅんばんね」

と、なかよくならんであそんでいた子どもたちが教室にはいっていくと、

「今度は、わたしね」

と、ありんこが、ぶらんこにのってきました。

　でも、ありんこは、ぶらんこがこげません。

「つまんないなあ」

と思っていたら、風が吹いて、ぶらんこを大きくゆらしました。

「わー。気持ちいいなあ。遠くまで見えるなあ」

　小さなありんこは、ぶらんこでいっぱいあそんで、うちに帰っていきました。

　そして、みんなに、楽しかったぶらんこの話をいっぱいしました。

　明日はだれとくるのかな？

お店屋さんごっこ

お店屋さんごっこのはじまりです。みっちゃんは、ラーメン屋さんになりました。

「いらっしゃい、いらっしゃい」

どんぶりに、毛糸の「ちぢれめん」をいれて、おりがみの「しなちく」と、紙にかいた「なると」もいれました。

だから、ラーメン屋さんは、大はんじょう。すぐに売り切れてしまいました。

それで、みっちゃんは、お店を閉めて、お金をもって買い物にいきました。

本屋さんで絵本をかって、写真屋さんで写真をとってもらって、それから、よっちゃんの電気屋さんにいきました。

ダンボール箱の冷蔵庫や電子レンジがならんでいます。でも、みっちゃんは、一番小さな小型テレビを買いました。

それから、ほかのお店も回って、指輪も買いました。

指輪は、おかあさんへのおみやげです。

なぎちゃんの雲

なぎちゃんのうちは、パン屋さんです。おとうさんが、毎日、いろんなパンを楽しそうに作っています。

だから、なぎちゃんも、おとうさんみたいにねん土をまるめていろんなパンを作ります。

給食のあと、みんなが園庭にあそびにいったのに、なぎちゃんは、またねん土あそびをはじめました。

ころころ、まるめたり、ひねったり、のばしたり、いろんなパンを作っていると、空から、白い雲がおりてきて、

「ちょっと、手をかしてくれないか」

と、ガラガラの太い声がいいました。

カミナリさまでした。

なぎちゃんが、

「いいよ」

というと、カミナリさまは、なぎちゃんを雲にのせて空たかく飛んでいってしまいました。

しばらくすると、空に黒い雲がでてきて、その雲のなかから、白い雲が、もくもくとわきだしてきました。

それをみていた子どもたちは、

「あっ。ロールパンだ」

「ジャムパンだ」

「ほんとだ、こっちは、しょくパンだあ」

と、目をまるくしました。

パンは、あとからあとから出てきます。メロンパンにクリームパン。それに、あんパンやクロワッサンもでてきて、空は、雲のパンでいっぱいになりました。

「やあ、ありがとう。おかげでたすかったよ」

カミナリさまは、なぎちゃんにおれいをいうと、なぎちゃんを雲にのせて、幼稚園まで送りとどけてくれました。

「ああ、おもしろかった」

と、なぎちゃんが教室にもどったとたん……。

空が、ピカッと光って、ゴロゴロっとカミナリがなって、たちまち大雨になってしまいました。

だから、もう外であそべません。

しかたがないので、みんなも教室にもどって、なぎちゃんとねん土あそびをしました。

おかげで、いろんなパンができました。

「いらっしゃい、いらっしゃい」

と、だれかがいったら、お店屋さんごっこがはじまりました。

もちろん、なぎちゃんはパン屋さんです。

よこづな

雨があがってお日さまがでてきました。

ひでくんは、園庭にとびだしていって、

「ぼく、よこづなだぞー」

って、土俵入りをはじめました。

すると、トノサマガエルがでてきて、ひでくんの前で土俵入りをはじめました。

「なまいきなやつ」

ひでくんが、にらみつけると、トノサマガエルもにらみかえしました。

「みあって、みあって」

まゆみ先生が、教室のまどから声をかけると、トノサマガエルが、ピョーンと大きく飛んで、花だんの中に逃げていってしまいました。

「おい。にげるのか」

といっても、もうもどってきません。しかたがないので、ひでくんは、教室にもどって、みんなでおすもうをしてあそびました。

もちろん、ひでくんがよこづなでした。

こま回し名人

ライオン組のおにいさんたちが、ろうかでこまを回しています。

　しょうたくんが、

「ぼくにもやらせて」

といったら、おにいさんたちは、

「だめだめ。ライオン組にならなきゃできないんだよ」

と、いいました。

　しょうたくんは、がっかりです。

　次の日から、しょうたくんは、

(早くライオン組になりたいなあ)

と、まいにち、ライオン組にいって、おにいちゃんたちがこまを回すのをみていました。

　だから、しょうたくんは、ライオン組になったとき、こま回しの名人になっていました。

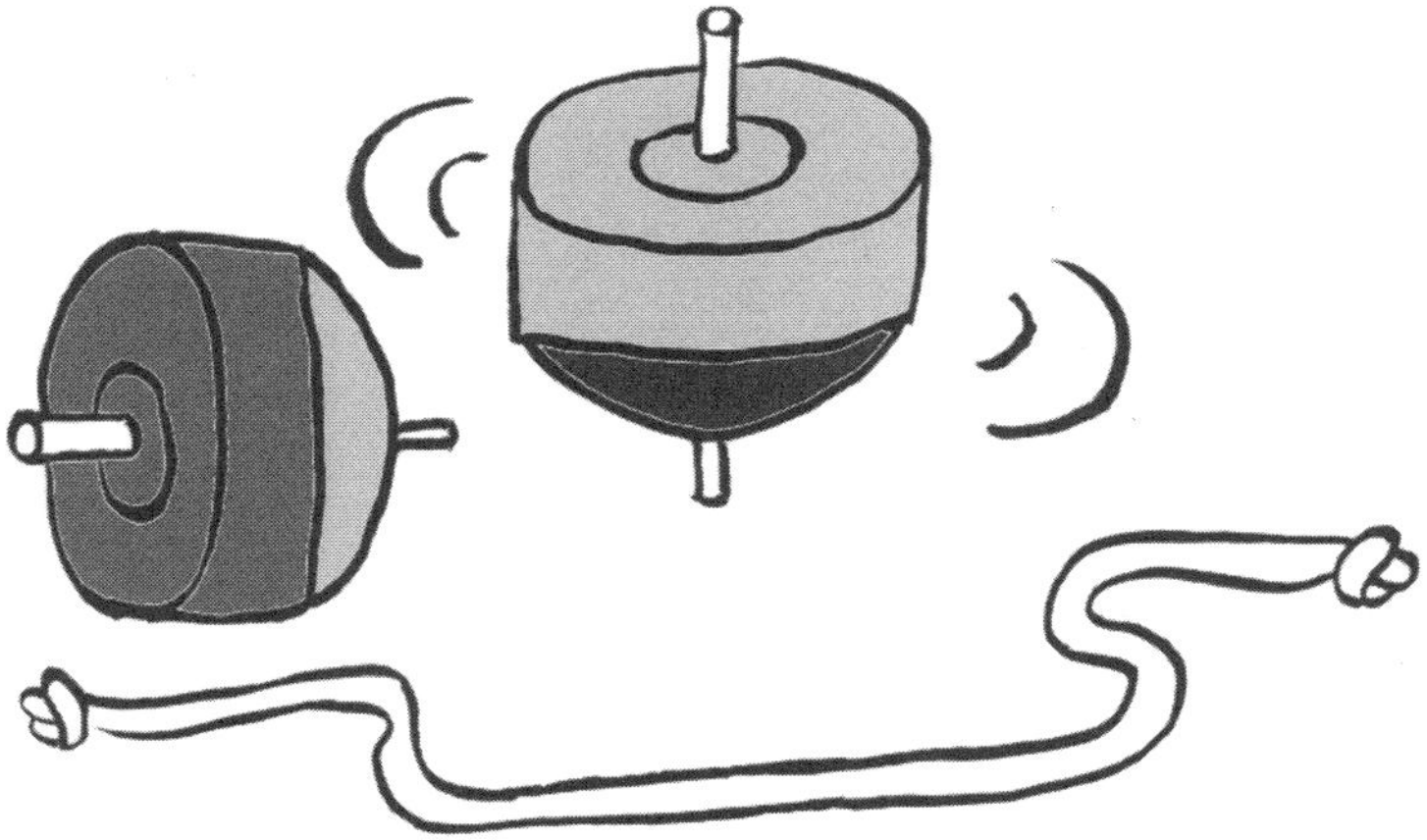

たあくんとかたつむり

たあくんは、雨上がりの園庭で、あじさいの葉っぱの上を歩いているかたつむりをみつけました。

たあくんは、ちょっと気持ちわるかったけど、指でつまんで、しゅんちゃんにみせにいきました。

しゅんちゃんは、かたつむりを手に乗せて、

「かわいいね」

と、いいました。

「あっ。かたつむりだ」「すごいね」

みんなが集まってきたので、しゅんちゃんは、

「いいことがある」

と、テラスの水そうから、トノサマガエルをひっぱりだしてきました。

そのカエルは、しゅんちゃんがつかまえてきたものです。

しゅんちゃんは、かたつむりとカエルを、テラスにならべて、

「かたつむりとカエルの競争でーす」

と、いいました。

ゴールは、テラスのはしっこにある、たあくんたちの教室です。

「よーい、どん」

しゅんちゃんがテラスをたたくと、カエルが逃げるようにとびはねました。

「いいぞ。それいけ」

「かたつむりもまけるなー」

と、みんなが応援したのに、かたつむりは、角をひっこめて、頭までもひっこめてしまいました。

「だめだなあ」

たあくんも、カエルの応援にいきました。

すると、カエルが向きを変えて、ピョーンと園庭のほうに逃げていきました。

「きゃー。こっちにこないでー」

と、女の子たちが、逃げまわります。

「おーい。そっちじゃないぞ。こっちだぞ」

と、しゅんちゃんが怒ったのに、カエルは、花だんの中に逃げていってしまいました。

だから、レースはおしまいです。みんなは、教室にもどっていきました。


しばらくして、お昼になりました。

みんながお弁当を食べていると、しゅんちゃんが、いきなり席を立って、

「あっ。かたつむりだ」

と、いいました。

「ほんとだ。たあくんのかたつむり、まだがんばっていたのね」

と、後ろのほうでだれかがいいました。

たあくんのかたつむりは、ゆっくり窓ガラスをのぼっています。

「こいよ。いっしょに応援しようぜ」

しゅんちゃんが、たあくんをひっぱっていくと、

「がんばれ、がんばれ」

と、みんなも集まってきました。

いーれて

　あきちゃんが、ぬいぐるみのウサギさんとあそんでいると、ようへいくんが、

「かいぞくがたりないんだ。かして」

と、とりあげてしまいました。

　あきちゃんは、だめっていえなくて、目に涙があふれてきました。だから、教室のすみにあるダンボールの箱のおうちにはいりました。

　すると、だれかが、箱を「トントン」たたいて、

「いーれて」

と、はいってきました。

　ウサギちゃんです。

　つづいて、クマくんも、

「ぼくもいれて」

と、はいってきました。

　あきちゃんは、せまくなってきたので、うしろにさがりました。

　するとまたまた、

「ぼくもいれてよ」

と、きょうりゅうくんがはいってきました。

　箱のおうちは、ぎゅうぎゅうになりました。

　そしたら、

「ぼくも、いーれて」

と、ようへいくんまではいってきました。

　だから、
ぎゅうぎゅうのおうちでなかよく、ままごとをしてあそびました。

キューピーのひみつ

そうたくんは、キューピーちゃんが大すきなの。保育園で、小さい女の子たちが、キューピーちゃんとおままごとをしていても、どこからか走ってきて、「だめ」って、とりあげちゃうの。

いじわるねえ。

だから、先生が、キューピーちゃんをひもでおんぶさせてあげると、ずーっとおろさないの。へんでしょう。

でも、それには、ひみつがあるの。

そうたくんのうちに、赤ちゃんが生まれたの。妹よ。

その赤ちゃんが、キューピーちゃんにそっくりだったから、保育園にいるときも、赤ちゃんのことを思い出しているのね。

だから、もうすこし、そうたくんにキューピーちゃん、かしてあげてね。

家族のおはなし

にいちゃんパパ

今日は、妹のあみちゃんの入園式です。

それなのに、おとうさんは、お仕事で入園式にいけません。おにいちゃんのじゅんくんに、

「かわりに、写真とってきてくれないか」

と、たのみました。

だから、じゅんくんは、おとうさんの大きなカメラをもって、入園式にいきました。

おとうさんたちの中で写真をとりましたが、なかなかいい写真がとれません。がっかりしていると、あみちゃんが友だちと走ってきて、

「にいちゃんパパ。写真とって」

と、いいました。

だから、にいちゃんパパは、あみちゃんの写真をいっぱいとりました。

夜、おとうさんが、じゅんくんのとった写真を見て、

「いい写真がいっぱいとれたなあ」

と、うれしそうにいいました。

お休み

「あらあら。お熱があるわね」

朝、おかあさんが、まゆちゃんのおでこに手をあてて、「今日は、お休みしようね」といいました。

おかあさんは、それから会社に電話をいれて、おかあさんもお休みしました。

お休みのおかあさんは、まゆちゃんの大すきなハチミツ入りのカレーライスを作ってくれました。それから、まゆちゃんのおふとんにいっしょに入って、絵本を三冊も読んで、それから、まゆちゃんを赤ちゃんみたいにだっこしていっしょにねました。


目が覚めたら、いっぱい汗をかいて、すっかり元気になっていました。

まゆちゃんは、

（明日もお休みしたいな）

と思いました。

そのとき、遠くから、まゆちゃんを呼ぶ声がしました。

窓からのぞいてみると、土手の上にみんながならんで手をふっています。

「お熱さがったのー？」

「明日、いっぱいあそぼうねー」

ゆか先生もいっしょです。

みんな、お散歩にいくのかな？

まゆちゃんは、大きな声でいいました。

「もうだいじょうぶ。明日は、まゆちゃんもいっしょにいくからねー」

家族のおはなし

たっくんの長ぐつ

げたばこの中で、おとうさんの長ぐつがいいました。

「今日もいい天気のようだなあ」

「では、わたしたちは、今日もおるすばんですねえ」

　おかあさんの長ぐつが、ちょっぴりさびしそうにいいました。

　それなのに、たっくんの長ぐつは、

「いってきまーす」

と、元気におでかけします。

　たっくんが、あそびにいくからです。

　たっくんは、長ぐつが大すきです。天気のいい日も、長ぐつであそびにいきます。

　たっく、たっくあるいて、公園にいって、砂あそびをしました。それから、原っぱの草のジャングルを通って、水たまりでもあそびました。

　だから、たっくんの長ぐつは、今日もどろんこです。

　そして、

「明日は、どこにいくのかなあ……」

と、楽しみにしています。

あおいくんのおじいちゃん

あおいくんのおじいちゃんは、白いひげをはやして、いつも、パイプをくわえてお散歩にいきます。

背すじをピーンとはって、まっすぐ前を見て、さっそうと歩きます。

あおいくんは、おじいちゃんとお散歩に行くのが大すきです。

住宅地を抜けて、うらの坂道をのぼって、海の見える公園まで歩くと、おじいちゃんは、パイプに火をつけて、一服しました。

おじいちゃんのはいたタバコの煙が空にのぼって、もくもく大きな船になりました。

「わー。すごーい」

あおいくんが、目を丸くすると、

「わしが乗っていた船だぞ」

と、おじいちゃんが、とくいそうに昔の冒険の話をはじめました。

嵐にあった話。おおだこと戦った話。そうそう、ゆうれい船の話もありましたよ。

あおいくんのおじいちゃんは、船長さんだったんです。おとうさんも、船長さんです。

だから、あおいくんも、大きくなったら船長さんになるんだって決めているんです。

肩たたき

　りさちゃんが、おねえちゃんと手をつないで幼稚園からかえってくると、日当たりのいいえんがわで、おじいちゃんが、とんとんと、たたいていました。

「おつかれでしたね」

　おばあちゃんが、おじいちゃんの後ろに回って、かわりに、とんとんと肩をたたきます。

「あー。いい気持ちだ」

と、おじいちゃんがいったので、おねえちゃんも、おばあちゃんの後ろに回って、おばあちゃんの肩を、とんとんとたたきました。

「ほんとにいい気持ちだこと」

　おばあちゃんもうれしそうです。

　だからりさちゃんも、おねえちゃんの後ろに回って、おねえちゃんの肩を、とんとんとんとたたきました。

　みんなそろって、とんとん、とんとんたたいていると、へいのうえでおひるねをしていたトラネコのミーが、目をさましました。

「ミー。あんたも、肩たたきしなさい」

と、りさちゃんがいったのに、ミーは知らん顔して、さっさと、どこかにあそびにいってしまいました。

さやかちゃんとおふろ

さやかちゃんは、おとうさんとおふろにはいりました。

おとうさんが、いきおいよくザブーンとはいりました。

おゆが、ザ、ザーッとこぼれました。

さやかちゃんは、おかあさんみたいにいいました。

「だめでしょう。ちゃんとあらってからはいるのよ」

「ごめん、ごめん」

おとうさんが、湯ぶねから出てからだをあらいはじめると、

「ほらほら、もっとよくあらって。だめねー。いいわ、さやかがあらってあげる」

といって、さやかちゃんは、おとうさんの背中をあらってあげました。

シャンプーのおてつだいもしました。

だって、もうすぐ一年生なんだもん。

● 著者紹介 ●

木村《きむら》　研《けん》｜1949 年　鳥取県生まれ　手づくりおもちゃ研究家
児童文学作家　日本児童文学者協会会員　あめんぼ同人

● 著書 ●

『一人でもやるぞ！と旅に出た』『おねしょがなおるおまじない！』
『おしっこでるでる大さくせん！』（草炎社）
『999 ひきのきょうだい』『999 ひきのきょうだいのおひっこし』（ひさかたチャイルド）
『わすれんぼうのぽう』（草土文化）
『子育てをたのしむ手づくり絵本』『遊ばせ上手は子育て上手』（ひとなる書房）
「ゆびあそびシリーズ」（星の環会）
『準備いらずの遊び・ゲーム大集合 BOOK』『手づくりおもちゃを 100 倍楽しむ本』
『かんたん遊びを 100 倍楽しむ本』『まるごと牛乳パック リサイクル工作ランド』
『こまった時のクラスと行事のための手づくりグッズ』（いかだ社）など

イラスト●すづき陽子
カバーデザイン●持丸恵美子
本文デザイン●志賀友美
編集●内田直子

おはなしぽけっとシアター

2006 年 3 月 12 日　第 1 刷発行

著者●木村　研©
発行人●新沼光太郎
発行所●株式会社いかだ社

〒 102-0072 東京都千代田区飯田橋 2-4-10 加島ビル
Tel.03-3234-5365　Fax.03-3234-5308
振替 00130-2-572993
印刷・製本　株式会社ミツワ

乱丁・落丁の場合はお取り換えいたします。
ISBN　4-87051-182-7